Instituto Phorte Educação
Phorte Editora

Diretor-Presidente
Fabio Mazzonetto

Diretora Financeira
Vânia M. V. Mazzonetto

Editor-Executivo
Fabio Mazzonetto

Diretora Administrativa
Elizabeth Toscanelli

Conselho Editorial

Educação Física
Francisco Navarro
José Irineu Gorla
Paulo Roberto de Oliveira
Reury Frank Bacurau
Roberto Simão
Sandra Matsudo

Educação
Marcos Neira
Neli Garcia

Fisioterapia
Paulo Valle

Nutrição
Vanessa Coutinho

Aline Cristina Alegro
Marcus Vinicius Simão
Alexandre Lopes Evangelista

Surfuncional
Treinamento Funcional para o *Surf*

São Paulo, 2013

Surfuncional: treinamento funcional para o *surf*
Copyright © 2013 by Phorte Editora

Rua Treze de Maio, 596
CEP: 01327-000
Bela Vista – São Paulo – SP
Tel./fax: (11) 3141-1033
Site: www.phorte.com.br
E-mail: phorte@phorte.com.br

Nenhuma parte deste livro pode ser reproduzida ou transmitida de qualquer forma, sem autorização prévia por escrito da Phorte Editora Ltda.

CIP-BRASIL. CATALOGAÇÃO NA PUBLICAÇÃO
SINDICATO NACIONAL DOS EDITORES DE LIVROS, RJ

A347s

Alegro, Aline Cristina
  Surfuncional : treinamento funcional para o surf / Aline Cristina Alegro, Marcus Vinicius Simão, Alexandre Lopes Evangelista. - 1. ed. - São Paulo : Phorte, 2013.
  136 p. : il. ; 24 cm.

  Inclui bibliografia
  ISBN 978-85-7655-452-3

  1. Educação física - Estudo e ensino 2. Prática de ensino. 3. Professores de educação física - Formação. 4. Esportes aquáticos. I. Simão, Marcus Vinicius. II. Evangelista, Alexandre Lopes. III. Título.
13-04417   CDD: 613.7
              CDU: 613.71

ph2117

Este livro foi avaliado e aprovado pelo Conselho Editorial da Phorte Editora.
(www.phorte.com.br/conselho_editorial.php)

Impresso no Brasil
Printed in Brazil

Dedico esta obra a Deus e à minha família, à qual tenho amor incondicional,
e que sempre esteve ao meu lado em todos os momentos da minha vida,
apoiando-me e incentivando minhas decisões.
Ao Marcus Vinicius Simão, parceiro, pessoa abençoada, minha paz.
A todos os meus professores, que acreditaram em mim
desde o começo de minha carreira.
Aos meus queridos amigos e alunos, que sempre estiveram ao meu lado,
longe ou perto, e a todos nós, felizes surfistas!

Aline Alegro

Primeiramente, a Deus, por criar esse esporte
maravilhoso, dando essa oportunidade a todos.
A todas as pessoas que participam da minha história,
em especial, à Aline Cristina Alegro, parceira neste livro,
surfista companheira que cruzou e iluminou meu caminho.
Aos meus familiares, pessoas de suma importância
para o meu desenvolvimento como cidadão de bem.
Aos amigos e a todos os surfistas deste planeta.

Marcus Vinicius Simão

Ao meu pai, por me ensinar que, independentemente do que aconteça,
o certo deve prevalecer sobre o que é errado, sempre.
À minha mãe, por provar que também é uma excelente avó.
À minha irmã, por dividir comigo a difícil tarefa
de passar pela adolescência praticamente ilesa.
Ao meu amigo Celestiano, por me mostrar que sempre
há uma saída (e que nem sempre ela é fácil).
Aos amigos de profissão (que são muitos e não caberiam aqui).
À minha esposa, por me dar alguns dos momentos mais felizes
e de maior sobriedade, em mais uma passagem minha neste plano.
À maior alegria de minha vida, minha filha, Renata.
Quando o filho vira pai, um ciclo fantástico termina
e outro, maravilhoso, está prestes a começar.

Alexandre Lopes Evangelista

Apresentação

Surf...

...Uma modalidade esportiva diferente de qualquer outra. Não se assemelha a nenhum esporte radical ou tradicional e, também, não pode ser comparado a qualquer outro esporte com prancha.

O *surf* é diferente porque apresenta inúmeras variáveis em sua prática, é realizado em ambiente aberto e sempre em situação imprevisível. Nesse ambiente natural, de constante transformação e adaptação, o preparo físico torna-se indispensável para que o corpo humano se ajuste de acordo com o tamanho e a força das ondulações, os ventos, os tipos de onda, as marés etc.

Pensando no preparo físico dos indivíduos que praticam o *surf*, percebemos a necessidade de uma atenção especial para tantos imprevistos.

Sabe-se que, em qualquer desporto, quanto mais treinado o indivíduo é, menos treinável ele se torna, pois o organismo do ser humano tem limites físicos e mentais. No entanto, essa regra não se aplica ao *surf*. Esse desporto apresenta uma característica única e muito importante que o difere de todos os outros: quanto mais treinado o surfista é, mais treinável ele se torna; portanto, o aprendizado é constante.

Podemos citar um exemplo, considerando o fenômeno do *surf*: Kelly Slater.

Kelly é onze vezes campeão mundial, tem 40 anos e se encontra com força total entre os melhores colocados no *ranking* mundial; não pensa em desistir jamais.

Apesar do seu tempo de prática e de competições, ele apresenta um baixo risco de lesões e parece melhorar seu desempenho a cada temporada que se passa. Isso não quer dizer que ele está numa fase limite ou estagnada, mas, sim, cada vez mais apto para novas experiências e novos aprendizados.

Outro exemplo é o inovador brasileiro Gabriel Medina, que, com apenas 18 anos, tem demonstrado um *surf* evoluído, com precisão e agressividade.

O surfista e suas características

O *surf* é um esporte que requer muitas demandas. Dentre elas, podemos citar: capacidades aeróbica e anaeróbica, equilíbrio e técnica apurada. Tudo isso o inclui no rol dos esportes mistos, e, no tocante às demandas fisiológicas, observa-se um predomínio do componente aeróbico.

Apesar das poucas pesquisas envolvendo a Ciência do Esporte e o *surf*, algumas considerações merecem ser feitas. Ao estudarmos o organismo dos surfistas, observamos, frequentemente, três características principais:

- Uma alta capacidade aeróbica, representada por valores de VO_2máx relativamente altos na ergoespirometria.
- Baixa frequência cardíaca no eletrocardiograma de repouso, o que é um efeito e uma confirmação da importância do componente aeróbico na prática do *surf*. Esse componente torna o coração um órgão mais eficiente, afinal, aumenta seu volume sistólico (volume de sangue ejetado pelo coração após uma contração) e faz que o órgão necessite de uma menor quantidade de batimentos por minuto para atender às demandas do organismo do atleta.
- A última característica tem um caráter antropométrico: surfistas de elite, geralmente, apresentam baixa estatura; com isso, temos um baixo centro de gravidade, o que vai ao encontro de uma das demandas primordiais do esporte: o equilíbrio.

Esse último traço é, também, bem marcante nos atletas de elite da Ginástica Olímpica, modalidade que requer dos atletas equilíbrio extremo.

Portanto, podemos concluir que, além de ser capaz de promover alterações na fisiologia cardiovascular do atleta, o *surf* também requer (não sendo obrigatório) algumas características inatas, como o somatótipo (baixa estatura, por exemplo) e o talento, dentre outras inúmeras características que poderíamos citar.

Uma característica importante também é o controle corpo-mente. Na prática do *surf*, o equilíbrio entre o estado físico e mental é fundamental. Nele, o praticante encontra-se mergulhado na natureza; portanto, é necessário conectar-se a ela. Podemos enfatizar, então, o simples ato de respirar. Essa natural e simples ação pode ser fundamental e decisiva no *surf*.

É necessário sincronizar a respiração com as etapas e as situações próprias que o surfista encontra, treinando de modo que isso passe a acontecer naturalmente.

O treinamento funcional, que apresenta como uma de suas características assemelhar-se ao máximo com o gesto esportivo, é um método de treino que auxilia bastante no controle da respiração e dos gestos específicos dos movimentos realizados no *surf*.

A maioria dos fundamentos do *surf* pode ser reproduzida fora d'água, a fim de melhorar a consciência desses movimentos e apurar as capacidades físicas gerais e específicas do praticante.

Percebe-se que o indivíduo, ao realizar exercícios em ambiente estável (fora d'água), de maneira consciente, aumenta suas chances de reproduzir esses movimentos de forma mais eficiente no momento da prática esportiva. Além disso, um corpo equilibrado e consciente deixa de sobrecarregar determinadas partes, evitando ou diminuindo a incidência de lesões.

Para um melhor entendimento dessa literatura, divide-se e classifica-se o surfista em três níveis:

- *surfista iniciante*: aquele que está iniciando ou deseja iniciar a prática do esporte;
- *surfista intermediário*: aquele que deseja melhorar suas habilidades, possui mais de três anos de prática e domina os fundamentos básicos, como: furar a onda, remar, posicionar-se no mar e realizar algumas manobras;
- *surfista avançado*: atletas amadores, profissionais e *freesurfers*.

No método Surfuncional de treinamento, por exemplo, percebe-se a importância da aprendizagem ou o "polimento" dos *padrões básicos de movimentos* (agachar, avançar, empurrar) antes do início da prática dos exercícios específicos. Ou seja, aquele indivíduo que não é capaz de realizar os movimentos básicos dificilmente conseguirá executar movimentos mais específicos de forma correta e com a postura adequada e equilibrada, já que estes são mais complexos, exigem mais velocidade, amplitude e combinação com outros movimentos multiplanares.

No decorrer destes capítulos, você encontrará os conceitos de cada fundamento e exercícios práticos que o auxiliarão na aprendizagem de cada um deles, seja você surfista ou não, experiente no esporte ou não.

Experimente, sinta, treine!

Boa leitura.

Prefácio

Cresce diariamente, no Brasil e no mundo, o número de praticantes dos esportes realizados em contato com a natureza.

O surfista, em busca da evolução do seu desempenho e da superação de desafios, descobre a importância do *preparo físico* para essa prática, acaba mudando hábitos e, consequentemente, obtendo melhorias em seu estilo de vida em prol desses objetivos.

O contato com a natureza e a busca pela superação de seus próprios limites tornam o *surf* um esporte maravilhoso, atraindo, a cada dia, novos praticantes, dos mais diversos públicos e faixas etárias.

Por ser uma atividade prazerosa, porém repetitiva, específica, de intensidade moderada a alta, que une diversas capacidades físicas, na maioria das vezes, por um longo período de tempo, acaba gerando desvios posturais, dores articulares, além de grandes desconfortos e graves lesões.

Os exercícios compensatórios e específicos para o *surf* tornam-se essenciais para a continuidade e a evolução na prática do esporte tanto agora como no futuro.

O treinamento funcional vem sendo utilizado há anos pelos melhores surfistas do mundo nas suas sessões de preparação física, e tem mostrado um excelente resultado para a saúde e o desempenho desses atletas.

O equilíbrio e a consciência corporal, capacidades inerentes à prática do *surf*, aliados à força, à flexibilidade, à agilidade, à resistência e à potência, fazem a diferença na hora de surfar as melhores ondas.

Para desenvolver ao máximo as capacidades físicas e contribuir para o sonho daqueles que amam e querem a busca pela evolução no *surf*, os autores desta obra, após anos de experiência na área e a realização de estudos recentes sobre treinamento funcional, auxiliam você, leitor, preparador físico ou simplesmente apaixonado pela arte de deslizar sobre as ondas, a apreciar ou a iniciar-se no *surf*, melhorar suas habilidades, evoluir e continuar surfando por muito mais tempo com saúde e qualidade de vida.

Alexandre Zeni
Diretor do Ibrasurf

Sumário

1 Treinamento funcional: conceitos e definições 17

1.1 Treinamento do *core*: definições e funções 21
1.2 Treinamento do *core* e qualidade de vida.. 22
1.3 Treinamento funcional, treinamento do *core* e instabilidade..................... 23
1.4 *Core*: exercícios práticos de estabilização, fortalecimento e controle........ 24

2 *Surf*: história e estilo de vida 39

2.1 Fundamentos do *surf*: nível iniciante.. 43
2.2 Fundamentos do *surf*: nível intermediário 46
2.3 Fundamentos do *surf*: nível avançado... 48
2.4 Fundamentos do *surf*: *long board*.. 50
2.5 Fundamentos do *surf*: SUP (*stand up paddle*) 51

3 Padrões básicos de movimentos para o *surf*: aprendizagem e consciência com exercícios práticos ...53

3.1 Agachamento 55
3.2 Agachamento unipodal 58
3.3 Agachamento lateral 59
3.4 Afundo em linha 60

4 Movimentos específicos do *surf*: nível iniciante 63

4.1 Sentar na bola 65
4.2 Sentar no solo 67
4.3 Sentar e deitar 69
4.4 Remar 71
4.5 *Drop* 73
4.6 *Drop* na instabilidade 77

5 Movimentos específicos do *surf*: nível intermediário . 81

5.1 Mergulho no solo 83
5.2 Joelhinho na bola 85
5.3 Tartaruga 86
5.4 Cavada *front side* no solo 89
5.5 Cavada *back side* no solo 90
5.6 Cavada *front side* na prancha 91
5.7 Cavada *back side* suspensa 93

6 Movimentos específicos do *surf*: nível avançado 97

6.1 Rasgada *front side* no solo 99
6.2 Rasgada *front side* no *slide* 101
6.3 Rasgada *front side* no *BOSU* com prancha 102
6.4 Rasgada *back side* no *slide* 103
6.5 Tubo na prancha com peso 104
6.6 Aero sobre os blocos 108

7 Movimentos específicos do *surf*: *long board* 113

7.1 *Hang five* no bloco instável 115
7.2 *Hang five* na prancha 118

8 Fundamentos do *surf*: *stand up paddle* (*SUP*) 121

8.1 Remada em suspensão no solo 123
8.2 Troca de base na escadinha 125

Glossário 129

Referências 131

1 Treinamento funcional: conceitos e definições

Segundo o dicionário de língua portuguesa Michaelis (2012), *treinamento* significa ação de treinar. Por sua vez, *funcional* é relativo às funções vitais; em cuja execução ou fabricação se procura atender, antes de tudo, à função, ao fim prático. Assim, pela associação das palavras, pode-se concluir que treinamento funcional (TF) é a ação de treinar, em cuja execução procura-se atender, antes de tudo, à função, ao fim prático, ou, ainda, à ação de treinar, para aprimorar as funções vitais.

As funções vitais dos seres humanos podem ser compreendidas como as ações fundamentais para a vida e para a independência funcional. Para Evangelista e Macedo (2011), ser considerado *independente funcional* é ter capacidade e habilidade de realizar as atividades simples do cotidiano com eficiência, autonomia, independência e baixo risco de lesões.

As atividades cotidianas são as ações realizadas pelas pessoas com certa frequência no dia a dia, como a manutenção postural, a marcha, os movimentos de empurrar, puxar, agachar, levantar, rotacionar, entre outros. Com base nesse conceito, o TF seria uma metodologia cuja execução objetiva o aprimoramento físico para a realização dessas atividades.

Weineck (2003) assinala que, para melhorar funções específicas dos seres humanos, é necessário treiná-las de maneira também específica.

Assim, o TF apresenta propósitos específicos, geralmente reproduzindo ações motoras que serão utilizadas pelo praticante em seu cotidiano, seja esportivo, laboral ou pessoal (Bossi, 2011; Monteiro e Evangelista,

2010; Thompson, 2011; Ives e Shelley, 2003), e, para isso, utiliza-se de exercícios que possam afetar direta ou indiretamente a realização de movimentos necessários para as atividades cotidianas (Okumura e Silva, 2009; Campos e Coraucci Neto, 2004).

Seguindo a mesma linha de raciocínio, para Coutinho (2011), TF é aquele que é rigorosamente específico (semelhante) às atividades da vida cotidiana ou esportivas ou o mais multiarticular, multimuscular (Clark, 2001), multiplanar (Clark, 2001; Gomes, 2010) e estimulador de capacidades sinestésicas possível.

Goulart et al. (2003) corroboram as afirmações supramencionadas, afirmando que TF é o treinamento com característica específica para execução do movimento (e/ou função) que se pretende melhorar. Teixeira e Guedes Jr. (2010) também citam que o TF é caracterizado pela semelhança do trabalho (exercício) às situações cotidianas, ou seja, baseia-se, principalmente, no princípio da especificidade.

O desempenho nas atividades cotidianas depende da interação de diversas capacidades físicas que são exigidas simultaneamente. Por isso, o TF deve contemplar, de forma equilibrada e integrada, capacidades físicas distintas.

Essa ideia é defendida pelo ACSM (2011), que classifica o TF como treinamento neuromotor, contemplando habilidades motoras como equilíbrio, coordenação, marcha, agilidade e propriocepção. Essa entidade cita atividades como *tai chi chuan* e ioga como exemplos de TF, pois envolvem combinações de exercícios neuromotores, de resistência e de flexibilidade.

Além das habilidades motoras citadas pelo ACSM (2011), outros autores destacam a importância de treinar conjuntamente força, potência, resistência, flexibilidade, agilidade, sinestesia, controle corporal, equilíbrio estático e dinâmico (Coutinho, 2011; Thompson, 2011; Leal et al., 2009; Thompson, Cobb e Blackwell, 2007).

1.1 Treinamento do *core*: definições e funções

Core training (*CT*) pode ser definido como um treinamento designado especificamente para desenvolver a musculatura da região central do corpo (abdominal, lombar, pelve e quadris) e torná-la estável (Stephenson, 2004).

O *CT* tem por objetivo gerar a estabilidade necessária para evitar o aparecimento de lesões ou, ainda, auxiliar no desempenho de atividades relacionadas à *performance*, principalmente por meio do desenvolvimento da força e da potência musculares.

Os primeiros conceitos básicos a respeito do assunto começaram a ser definidos nas décadas de 1980 e 1990, em pesquisas extremamente importantes para o entendimento das dores e das lesões na região lombar, com foco em exercícios que estimulassem o tronco e o quadril (Hodges e Richardson, 1996; Stanton, Reaburn e Humphries, 2004; Hall, 2009).

O *core* é composto por 29 pares de músculos do tronco, da pelve e dos quadris. Suas principais funções são manter o alinhamento, favorecer a base de suporte do corpo, prevenir lesões e gerar força. E, caso a estabilidade seja falha, deve ser treinado em primeiro lugar (Monteiro e Evangelista, 2010; Behm e Anderson, 2006).

Segundo Akuthota e Nadler (2004), o *core* é composto por músculos globais e músculos locais. Enquanto os locais geram estabilização, os globais auxiliam o corpo a executar movimentos específicos.

A estabilidade do *core*, como já citado, é extremamente indicada para diminuição da incidência de lesões e do aparecimento da dor lombar referida. Além disso, a estabilidade da região central do corpo é um componente fundamental para maximizar a eficiência atlética pela ativação da cadeia cinética, que gerará melhoras no posicionamento e na velocidade de movimento. Prova disso é que atletas de *baseball* submetidos a *CT* (10 semanas) tiveram aumento na precisão do arremesso em 19% (Hrysomallis, 2007).

1.2 Treinamento do *core* e qualidade de vida

A maioria das pesquisas de *CT* voltadas para a qualidade de vida está relacionada à diminuição na incidência da dor lombar. Hoje, calcula-se que 70% a 80% das pessoas no mundo inteiro têm ou terão algum problema relacionado à lombalgia. Esses episódios são mais frequentes em indivíduos entre 30 e 50 anos (Brown, 2006).

Segundo Anderson e Behm (2005), os músculos do *core* são classificados como globais e locais. Os músculos locais seriam os responsáveis por gerar a estabilização antes de o movimento ocorrer. Eles são recrutados milésimos de segundos antes dos globais. Como exemplo de músculos locais, podemos citar os multífidos e o transverso do abdome.

Os globais, por sua vez, seriam recrutados após os locais terem gerado a estabilização necessária da coluna, para que o movimento ocorra sem dor, sendo os responsáveis pelo auxílio na realização das atividades cotidianas. Como exemplo de músculos globais, podemos citar o reto do abdome e os eretores da espinha (Kiefer, Shirazi-Adl e Parnianpour 1997).

Indivíduos com dor lombar possuem um "atraso" no padrão de recrutamento das unidades motoras dos músculos locais (que geram a estabilização). Portanto, os músculos locais são acionados ao mesmo tempo que os globais (responsáveis pelo movimento). O acionamento simultâneo dos músculos locais e globais irá gerar a dor, pois haverá o movimento sem a estabilização (Anderson e Behm, 2005).

Dessa forma, é muito comum, nos programas de exercícios voltados para a qualidade de vida ou a reabilitação, o uso da bola suíça, diante dos diversos benefícios documentados na literatura.

Behm, Anderson e Curnew (2002) afirmam que a bola oferece uma superfície instável que desafia os músculos do *core* e melhora a estabilidade, o equilíbrio e a propriocepção. Os autores, entretanto, afirmam que a utilização desse material não é indicada para o aumento da força do *core*, limitando-se apenas a desenvolver a estabilidade.

Seguindo essa linha de raciocínio, Sekendiz, Cug e Korkusuz (2010) elaboraram um estudo que teve como objetivo investigar os efeitos da bola suíça (instabilidade) na força dos extensores e dos flexores do tronco, do quadríceps e do bíceps femoral, nos abdominais, na flexibilidade e no equilíbrio dinâmico, em mulheres sedentárias.

Os resultados demonstraram melhorias significativas em todas as variáveis analisadas, o que, na opinião dos autores, prova os benefícios da utilização da bola suíça na melhora da estabilidade do *core* e dos músculos analisados, sendo também bastante recomendada para a reabilitação (Sekendiz, Cug e Korkusuz, 2010).

Outros estudos (Brown, 2006; Behm et al., 2010) também confirmam esses achados, comprovando que o *CT* é ferramenta de grande importância para a melhora da qualidade de vida e da saúde, devendo ser realizado, em média, de duas a três vezes por semana, e sempre antes do TF (McGill et al., 2009).

No entanto, exercícios estáveis também podem ser utilizados como meio para o *CT*. Ainda dentro do conceito de estabilidade, Evangelista e Macedo (2011) citam exercícios isométricos realizados em superfícies estáveis, como a prancha lateral, a prancha ventral e o quadrúpede com elevação alternada de braços e pernas, como boas opções para o treinamento.

1.3 Treinamento funcional, treinamento do *core* e instabilidade

Apesar do grande *marketing* dirigido ao TF e ao *CT*, associando-os aos equipamentos instáveis, em nossa pesquisa, nenhuma referência foi encontrada que associasse os conceitos dos treinamentos ao uso desses equipamentos como ferramentas exclusivas de trabalho.

Porém, como os conceitos de TF apresentados no tópico anterior mostram uma relação próxima com o princípio da especificidade (semelhança dos exercícios com as situações cotidianas ou esportivas), e como a instabilidade está presente nas situações cotidianas (Barela, 2000) e esportivas (Weineck, 2003), a utilização da instabilidade no treinamento parece ajustar-se à especificidade requerida.

Quanto ao *CT*, o uso da instabilidade também parece ser interessante para potencializar a ativação da musculatura, principalmente dos músculos locais.

De fato, a utilização da instabilidade nos exercícios pode ser eficaz para alcançar alguns dos objetivos do TF e do *CT*, como a melhora do equilíbrio, da estabilidade postural, da ativação de músculos estabilizadores e a prevenção de lesões (Behm e Colado, 2012).

Em condições instáveis, no entanto, o desenvolvimento da força e da potência musculares fica prejudicado. Behm e Colado (2012) afirmam que o desempenho de força diminui, em média, 29,3% em condições instáveis, quando comparado à estabilidade.

A opção pelo uso da instabilidade no treinamento, portanto, parece ser objetivo-dependente e a associação do conceito do TF e do *CT* aos equipamentos instáveis deve ser vista com cautela, não podendo ser generalizada.

1.4 *Core*: exercícios práticos de estabilização, fortalecimento e controle

1.4.1 Prancha

Descrição do movimento: deitado em decúbito ventral, com os cotovelos flexionados e os antebraços apoiados no solo, com os dedos entrelaçados. Elevar o tronco, mantendo o corpo alinhado e os músculos do *core* contraídos.

Observações importantes: neste exercício, o aluno deve acionar os abdominais e os glúteos, além de manter o alinhamento da coluna.

Nível de utilização: iniciante.

Séries/repetições: 2-3 × 15-20 s

Variação: com elevação de uma das pernas, para aumentar a dificuldade e ativar os músculos estabilizadores.

1.4.2 Prancha lateral

Descrição do movimento: deitado em decúbito lateral, com um dos braços apoiado no chão e o outro, no quadril. Ambos os joelhos devem estar flexionados e apoiados. Acionar os músculos do *core*, elevando ligeiramente os quadris do solo.

Observações importantes: neste exercício, o aluno deve acionar os abdominais e os glúteos, mantendo o alinhamento da coluna. Acionar o serrátil auxiliará na estabilidade da cintura escapular.

Nível de utilização: iniciante.

Séries/repetições: 2-3 × 15-20 s

Variação: com os joelhos estendidos, para diminuir a base de suporte e aumentar a dificuldade do exercício.

1.4.3 Elevação de quadris no solo

Descrição do movimento: deitado em decúbito dorsal, braços ao longo do corpo. A coluna deverá estar alinhada, os joelhos e os quadris flexionados, com os pés bem apoiados no solo. Ativar os músculos da cadeia posterior e do *core*, elevando o tronco do solo.

Observações importantes: evitar a sobrecarga na região cervical e perder a ação muscular do *core* e da cadeia posterior (o que prejudicará o alinhamento).

Nível de utilização: iniciante.

Séries/repetições: 2-3 × 15-20 s

Variação: com um dos joelhos estendidos, para aumentar a alavanca corporal e diminuir a base de suporte, dificultando, assim, a execução do exercício.

1.4.4 Abdome com extensão de quadril

Descrição do movimento: deitado em decúbito dorsal, um dos joelhos e um quadril estendidos. O joelho e o quadril opostos deverão estar em flexão, com o pé bem apoiado no solo. Ambas as mãos devem estar espalmadas e posicionadas entre a região lombar e a torácica. Elevar o tronco ligeiramente, até que as escápulas deixem de tocar o solo. Manter por 3 a 5 segundos e retornar à posição original.

Observações importantes: a elevação deverá ser focada na região torácica, e não na cervical. O acionamento dos músculos do *core* é essencial para isso.

Nível de utilização: iniciante.

Séries/repetições: 2-3 × 15-20 s

1.4.5 Bird dog

Descrição do movimento: em quatro apoios, braços alinhados com os ombros, joelhos alinhados com os quadris e coluna alinhada; manter um bom posicionamento da cabeça. O peito do pé deverá estar apoiado no solo. Elevar o braço e a perna contrários simultaneamente, mantendo o alinhamento do corpo. Repetir do outro lado.

Observações importantes: manter o controle do centro (músculos do *core*) e boa dissociação de membros.

Nível de utilização: iniciante.

Séries/repetições: 2-3 × 15-20 s

1.4.6 Extensão de coluna

Descrição do movimento: deitado em decúbito ventral, com os cotovelos flexionados e as palmas das mãos apoiadas no solo, na linha da testa. Os joelhos deverão estar estendidos e as pernas, alinhadas com os quadris. Realizar pequena extensão da coluna, retirando os braços e as mãos do chão.

Observações importantes: neste exercício, o indivíduo poderá contrair os glúteos para auxiliar na estabilização.

Nível de utilização: iniciante.
Séries/repetições: 2-3 × 15-20 s

1.4.7 Preparação do abdome

Descrição do movimento: deitado em decúbito dorsal, pelve neutra, com joelhos e quadris flexionados. Braços paralelos ao tronco, com as palmas das mãos para baixo. Cabeça e pescoço alinhados (se necessário, ajustá-los com auxílio de almofadas). Flexionar a coluna, deslizando as costelas em direção aos quadris, e elevar os braços do solo na altura dos ombros.

Observações importantes: manter o alinhamento de cabeça, pescoço e cintura escapular sem perder o acionamento dos músculos do *core*.

Nível de utilização: iniciante.

Séries/repetições: 10 ciclos de 10 repetições.

Variação: com elevação das pernas. Esse movimento aumenta a ativação dos músculos do *core* e deixa o exercício mais desafiador.

1.4.8 *Swimming*

Descrição do movimento: deitado em decúbito ventral, pelve neutra, pernas paralelas, com joelhos estendidos e peitos dos pés apoiados no solo. Cotovelos flexionados e ombros alinhados ao lado dos antebraços, com as palmas das mãos apoiadas no solo. Ativar estabilizadores do tronco e da pelve, estender os quadris, elevando sutilmente as pernas do solo. Simultaneamente, estender a coluna e elevar os braços do solo, criando uma oposição entre as extremidades.

Observações importantes: evitar perder a extensão da coluna e evitar também a desorganização dos ombros. Este exercício não é recomendado para quem tem problemas de hérnia discal, pois aumenta a compressão dos discos.

Nível de utilização: iniciante.

Séries/Repetições: 2-3 × 15 a 20 repetições.

1.4.9 Rolando como uma bola

Descrição do movimento: sentado, com apoio atrás dos ísquios, coluna em flexão e abdome longe das coxas, quadris e joelhos flexionados, pés elevados do solo. Contrair o *core*, para rolar para trás, com os estabilizadores acionados a partir da pelve, até "apoiar" as escápulas. Retornar à posição inicial, mantendo os estabilizadores acionados.

Observações importantes: evitar manter a coluna em flexão durante o movimento; o contato da cabeça com o solo; o início do movimento pelos ombros ou pela cabeça; a hiperflexão ou a hiperextensão cervical; o impulso.

Nível de utilização: iniciante.

Séries/repetições: 2-3 × 10 a 12 repetições.

1.4.10 Teaser

Descrição do movimento: deitado em decúbito dorsal, joelhos flexionados, com os pés apoiados no solo e os braços ao lado do corpo. Flexionar os quadris e estender os joelhos, até que os membros inferiores (MMII) fiquem a, aproximadamente, 45 graus, acionando os músculos estabilizadores da pelve e do tronco. Equilibrar na posição de "V". Os braços acompanham o movimento da coluna até ficarem paralelos às pernas.

Observações importantes: manter a cintura escapular organizada, evitando a hiperextensão lombar. Manter pernas aduzidas pode facilitar a conexão muscular. Este exercício deve ser evitado para indivíduos com hérnia discal ou lombalgia crônica.

Nível de utilização: intermediário.

Séries/repetições: 2-3 × 10-12 s

1.4.11 Prancha II

Descrição do movimento: em posição de prancha, com o *core* e a cintura escapular ativada, e a cabeça alinhada ao corpo. Manter as pernas paralelas, com abertura na linha dos quadris. As mãos devem estar espalmadas no chão, com afastamento na linha dos ombros. Retirar uma das mãos do chão, realizando movimento de semicírculo. Repetir do outro lado.

Observações importantes: os músculos do *core* e da cintura escapular deverão estar bem acionados, para evitar o desalinhamento corporal durante o movimento dos braços.

Nível de utilização: intermediário.

Séries/repetições: 2-3 × 6 a 8 repetições.

1.4.12 Rolamento no *BOSU*

Descrição do movimento: sentado no *BOSU*, com o *core* acionado. Pés apoiados no solo e braços na linha dos ombros. Inclinar o corpo para trás até atingir ângulo de 45 graus, sem perder o contato dos pés com o solo. Retornar à posição inicial.

Observações importantes: os músculos do *core* e da cintura escapular deverão estar bem acionados, para evitar o desalinhamento corporal durante o movimento. Evitar projetar a cabeça à frente durante o movimento.

Nível de utilização: intermediário.

Séries/repetições: 2-3 × 12 a 15 repetições.

1.4.13 Rolamento com rotação

Descrição do movimento: sentado no *BOSU*, com o *core* acionado. Pés apoiados no solo e braços na linha dos ombros. Inclinar o corpo para trás, rotacionando o tronco até atingir o ângulo de 45 graus, sem perder o contato dos pés com o solo. Retornar à posição inicial.

Observações importantes: os músculos do *core* e da cintura escapular deverão estar bem acionados, para evitar o desalinhamento corporal durante o movimento. Evitar projetar a cabeça à frente durante o movimento.

Nível de utilização: intermediário.

Séries/repetições: 2-3 × 12 a 15 repetições.

1.4.14 Teaser no BOSU

Descrição do movimento: sentado no *BOSU*, com o *core* acionado. Pés no chão e braços juntos do corpo, com as mãos apoiadas no *BOSU*. Flexionar os quadris e estender os joelhos até que os MMII fiquem a, aproximadamente, 45 graus, acionando os músculos estabilizadores da pelve e do tronco. Equilibrar-se na posição de "V". Os braços acompanham o movimento da coluna até ficarem paralelos às pernas.

Observações importantes: manter a cintura escapular organizada, evitando a hiperextensão lombar. Manter as pernas aduzidas pode facilitar a conexão muscular. Este exercício deve ser evitado para indivíduos com hérnia discal ou com lombalgia crônica.

Nível de utilização: avançado.

Séries/repetições: 2-3 × 10-15 s

2 Surf: história e estilo de vida

O *surf* é um dos esportes que mais crescem no Brasil e no mundo, representando um estilo de vida ligado à saúde, ao lazer, à liberdade e ao desafio, além de ser uma modalidade repleta de história, cultura e grandes personagens.

Com o significativo aumento em seu número de praticantes e as proporções alcançadas pelo mercado mundialmente, a imagem do *surf*, na atualidade, está associada a valores positivos e a uma íntima relação com a natureza.

Desde sua criação pelos polinésios, seu desenvolvimento pelos povos havaianos e sua introdução nas sociedades ocidentais, o *surf* sempre apresentou uma estreita relação com o bom condicionamento físico. Hoje, um dos métodos mais modernos e populares entre os surfistas é o treinamento funcional (TF).

As hipóteses mais aceitas pelos historiadores afirmam que o *surf* nasceu na Polinésia ou no Peru, duas regiões cercadas pelas águas sagradas do Pacífico Sul.

No início, era apenas diversão: o puro prazer de deslizar sobre as ondas. Ao regressar a terra firme, após horas ou, até mesmo, dias navegando mar afora, descobriu-se ser mais emocionante e desafiador descer as ondas de pé sobre as embarcações.

Enraizado na cultura e na religião havaianas, o *surf* era muito mais que um esporte ou atividade física; era um momento espiritual e de integração entre homem e meio ambiente, e um grande elo nas relações sociais e familiares.

Com a chegada do capitão James Cook ao arquipélago havaiano, em 1778, o *surf* e grande parte das tradições nativas deram lugar às novidades e às doenças trazidas a bordo. A população foi dizimada e os costumes foram esquecidos, levando ao desmoronamento da antiga cultura *surf*.

Graças a Duke Paoa Kahanamoku, o pai do *surf* moderno, o esporte teve um renascimento e passou a ser divulgado em todo o mundo. Nascido em 1890, Duke transformou-se num esportista fenomenal, ganhando duas medalhas de ouro olímpicas (1912 e 1920) e batendo o recorde mundial dos 100 metros livres, em 1914, na Austrália, com a marca de 53,8 segundos.

Durante sua passagem pelo "país dos cangurus", em 23 de dezembro, Duke fez uma exibição de *surf* para as multidões de Freshwater, praia ao norte de Sydney.

Com a semente plantada na América, na Europa e na Oceania, Duke tornou-se o símbolo universal do *surf* e do espírito *aloha*, sendo lembrado, até hoje, como o maior responsável pela divulgação do *surf* pelo planeta.

Já no Brasil, o surgimento e o desenvolvimento do *surf* ocorreram em momentos distintos. Acredita-se que o estadunidense, naturalizado brasileiro e residente em Santos-SP, Thomas Rittscher, foi o primeiro a surfar no país, entre 1934 e 1936 (Mendes, 2005; Sarli, 2011). Seguindo o modelo desenhado em uma revista norte-americana, Thomas construiu sua "tábua havaiana" e divertiu-se com sua irmã Margot por algum tempo, até apaixonar-se pelas embarcações à vela e trocar de esporte.

Em 1938, os amigos Osmar Gonçalves e Jua Hafers, impressionados com o que viram, decidiram também praticar a atividade. Pelo fato de, durante anos, surfar constantemente as ondas de Santos e viver o estilo de vida próprio do *surf*, Osmar é considerado o primeiro surfista brasileiro. Durante muito tempo, ele e seus amigos foram os únicos praticantes no país, desfrutando sozinhos o prazer de deslizar sobre as ondas da Praia do Gonzaga. Na década de 1950, no entanto, com o aumento do número de voos internacionais para o país, sobretudo para o Rio de Janeiro, os estrangeiros puderam descobrir todas as maravilhas do nosso litoral, especialmente as ondas cariocas.

Vindos principalmente dos Estados Unidos, onde o *surf* já se desenvolvia há mais de meio século, os pilotos aproveitavam o período de folga no Brasil para descansar e divertir-se, encontrando nas praias cariocas o cenário perfeito. Contagiados pela nova mania que invadia o litoral, logo os brasileiros que viajavam para o exterior começaram a trazer em suas bagagens algumas pranchas, a fim de também desfrutar o prazer proporcionado pelo *surf*.

Com o aumento no número de pranchas e a expansão para o sul do país, o esporte cresceu num ritmo acelerado, originando as primeiras indústrias e competições nacionais na década de 1970. A explosão realmente ocorreu nos anos 1980, com o apoio da mídia e com a mudança da imagem do *surf* perante a sociedade, que passou a encará-lo como uma atividade séria e profissional. Um fato marcante nesse processo foi a vitória do paraibano Fabio Gouveia no Mundial Amador de Porto Rico, em 1988.

Atualmente, o Brasil é uma das maiores potências do *surf* mundial, junto com os EUA e a Austrália. Em termos esportivos, temos campeonatos e atletas de altíssimo nível em todas as grandes competições, deixando acesa a esperança de um futuro e breve título mundial.

2.1 Fundamentos do *surf*: nível iniciante

2.1.1 Sentar na prancha

Para visualizar melhor a série de ondas após ultrapassar a arrebentação, os surfistas sentam sobre a prancha. Nesse momento, para sair da posição horizontal, as palmas das mãos se apoiam na prancha, os cotovelos são estendidos e os isquiotibiais apoiam-se na prancha no mesmo lugar em que estava o umbigo do surfista. Os músculos do *core* são solicitados durante todo o tempo em que o surfista se mantém sentado para se esta-

bilizar sobre a prancha. Os pés e as pernas realizam movimentos sob a água para ajudar no equilíbrio.

2.1.2 Sentar *versus* deitar

Para passar para a posição deitado na prancha novamente, o surfista deve segurar nas bordas na prancha; em seguida, unir as pernas sobre a ela e iniciar a remada. Caracteriza-se pela alternância dos movimentos de sentar na prancha e deitar-se para iniciar a remada. Uma vez adquirida a consciência dos dois movimentos, essa alternância se torna simples e de fácil execução.

2.1.3 Remar

A remada é um fundamento utilizado para o surfista deslocar-se no mar e impulsionar-se para pegar a onda. Quando realizada adequadamente – de forma equilibrada sobre a longarina da prancha, o surfista em decúbito ventral, com tórax e abdome apoiados na prancha, com leve hiperextensão do tronco, membros superiores em um movimento semelhante ao nado *crawl*, membros inferiores unidos –, promove o menor gasto energético, o que é de fundamental importância, já que a maior parte do tempo o surfista passa remando.

Os músculos do *core* são solicitados durante todo o tempo, principalmente a parte posterior do tronco para não sobrecarregar a coluna lombar e cervical.

2.1.4 Remar e dropar

Caracteriza-se pelo ato de remar e, no momento exato, ao sentir a onda empurrá-lo sem o auxílio da remada, o surfista ficar em pé. É a transição da posição horizontal para a vertical.

As mãos apoiam-se na prancha, ao lado do tronco, na linha do tórax; um dos pés se posiciona na rabeta da prancha e o outro, logo abaixo do umbigo do surfista. As mãos perdem o apoio da prancha e o tronco se coloca na posição vertical.

2.1.5 Dropar

O *drop* significa a descida da onda até a sua base num ato rápido.

Neste momento, quando a onda está próxima ao surfista, este deverá remar com toda a força possível, até que a onda o impulsione. Ao sentir a onda carregando-o sem o auxílio da remada, o surfista deve levantar-se, perceber para que lado a onda quebrará e decidir qual direção tomará. O surfista deve ficar em pé, mantendo o corpo compacto, olhar adiante, com uma perna à frente, a outra atrás e os joelhos ligeiramente arqueados.

Este fundamento pode ser praticado antes de se entrar na água. O praticante deverá deitar-se no chão como se estivesse sobre a prancha de *surf*, empurrando o corpo para cima com as mãos e posicionando seus pés abaixo dos quadris. Depois de fazer isso algumas vezes, o surfista descobrirá se é "*goofy*" ou "regular". O que coloca o pé direito à frente do esquerdo é denominado *goofy*; o que coloca o pé esquerdo à frente do direito é denominado regular. É uma preferência natural, como ser destro ou canhoto.

2.2 Fundamentos do *surf*: nível intermediário

2.2.1 Joelhinho

Joelhinho é o fundamento utilizado para ultrapassar as ondas em direção ao fundo do mar. Consiste em afundar o bico da prancha aproximadamente um metro antes da onda atingir o surfista. Este deverá mergulhar junto com o bico, empurrando a rabeta da prancha com um dos joelhos ou pés, enquanto o outro pé é impulsionado para cima, realizar o máximo afastamento antero-posterior das pernas e depois voltar à superfície, naturalmente.

2.2.2 Tartaruga

Uma segunda opção, no caso de pranchas maiores, como a *fun board* ou a *long board*, seria segurar as bordas da prancha a uma distância aproximada de 2 metros da onda ou da espuma e fazer um movimento de rotação entre o corpo e a prancha, ficando com o corpo submerso e a prancha na superfície. O surfista deve segurar o bico da prancha e puxá-lo para baixo, até que a onda passe.

2.2.3 *Bottom turn* ou cavada

O *bottom turn* ou cavada é o ato de realizar uma curva na base da onda após o *drop*, definindo a direção a ser seguida pelo surfista.

Para iniciá-la, o surfista deverá posicionar os seus ombros na direção que deseja seguir, enquanto pressiona com o pé de trás na rabeta da prancha com um pouco mais de peso na direção que se deseja virar. Ao planejar a cavada, o surfista deve olhar a parede da onda, visualizando a área em que irá manobrar.

2.3 Fundamentos do *surf*: nível avançado

2.3.1 Rasgada (*front/back side*)

Rasgada *front side*.

Rasgada *back side*.

Manobra rápida, na qual o surfista, após visualizar o *lip* da onda, direciona o bico da prancha para ele durante a cavada, realiza o giro do tronco, impulsionando-o para girar do lado oposto, num movimento brusco, em "C", no local visualizado, que geralmente é a parte mais crítica da onda.

2.3.2 Tubo

O ponto máximo do *surf* ocorre quando o surfista é engolido pela onda e consegue sair de dentro dela seco.

Surfar dentro de um tubo requer muita habilidade e consciência; é como marcar um gol no futebol. É a manobra mais difícil, que transporta o surfista à essência do esporte.

Geralmente, os tubos quebram numa rasa bancada, comprimindo o ar de seu interior, soprando uma fina camada de vapor d'água no final.

2.3.3 Aero

Depois de realizar a cavada, bem na base da onda, com pressão, o surfista projeta o bico da prancha para o *lip* da onda na posição mais vertical possível, realiza a decolagem e um rápido e potente giro do tronco, "chutando" a rabeta para a direção oposta. O surfista segura na borda da prancha com uma das mãos e finaliza na direção oposta.

2.4 Fundamentos do *surf: long board*

2.4.1 *Hang five*

É a tarefa de posicionar-se próximo ao bico da prancha e colocar um dos pés à frente, com os cinco dedos para fora do bico da prancha.

2.4.2 *Hang ten*

É a tarefa de posicionar-se próximo ao bico da prancha e colocar os dois pés à frente, paralelos, com os dez dedos para fora do bico da prancha, lado a lado.

2.5 Fundamentos do *surf*: *SUP* (*stand up paddle*)

O *SUP* (*stand up paddle*) é a modalidade do *surf* em que o surfista já inicia a atividade em pé na prancha, desde a arrebentação, posicionando-se à espera das ondas para surfá-las. O remo torna-se o prolongamento do braço, ou seja, além de ajudar na remada, tornando-a eficiente e rápida, ele ainda ajuda nas manobras.

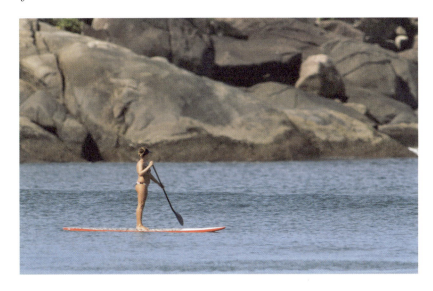

3
Padrões básicos de movimentos para o *surf*: aprendizagem e consciência com exercícios práticos

Primeiramente, observa-se a necessidade de correções em alguns movimentos básicos, de onde surgem outros movimentos específicos para o *surf*.

3.1 Agachamento

Posição inicial: em pé, pés paralelos, afastados na largura dos quadris.

Execução: realizar o movimento de flexão de quadris e de joelhos, deslocando o peso para os calcanhares e o tronco, paralelo à tíbia, até os joelhos atingirem o ângulo de 90 graus, sem ultrapassarem a linha da ponta dos pés. A volta para a posição inicial deverá ser realizada sem a extensão completa dos joelhos.

Respiração: o movimento deverá ser realizado durante uma única expiração forçada, solicitando os músculos do *core*.

Principais erros: desviar os joelhos, aduzindo-os ou abduzindo-os; tirar os calcanhares do chão; realizar mais flexão de tronco ou de quadris que de joelhos; avançar os joelhos, ultrapassando a linha da ponta dos pés; realizar o movimento em apneia.

Vista anterior

Vista lateral

3.1.1 Variações

Realizar o movimento com os olhos fechados, sobre plataforma instável. Segurar uma bola ou um ciclo entre os joelhos.

Vista anterior

Vista lateral

3.2 Agachamento unipodal

Posição inicial: em pé, com um pé apoiado no solo, um joelho semiflexionado e o outro suspenso na parte anterior do corpo.

Execução: realizar o movimento de flexão de quadris e de joelhos, deslocando o peso para o calcanhar. Deixar o tronco o mais ereto possível até que o joelho da perna apoiada atinja um ângulo próximo dos 90 graus, sem ultrapassar a linha da ponta do pé. A volta para a posição inicial deverá ser realizada durante uma inspiração, sem a extensão completa dos joelhos.

Respiração: o movimento deverá ser realizado numa expiração contínua, solicitando os músculos do *core*.

Principais erros: desviar o joelho, aduzindo-o ou abduzindo-o; tirar o calcanhar do chão; realizar mais flexão de tronco ou de quadris que de joelhos; avançar o joelho, ultrapassando a linha da ponta do pé; realizar o movimento em apneia; desalinhar os quadris; realizar flexão de tronco.

VISTA ANTERIOR   VISTA LATERAL

3.2.1 Variação

Realizar o movimento com os olhos fechados, sobre superfície instável.

3.3 Agachamento lateral

Posição inicial: em pé, com os pés paralelos, afastados numa largura maior que a dos quadris (aproximadamente cinco palmos de distância entre os pés).

Execução: realizar o movimento de flexão de quadril e de joelho, deslocando o peso para o calcanhar e sobre uma das pernas. Alinhar pé, joelho e quadril, enquanto a outra perna fica estendida, sem sobrecarga, com os pés totalmente apoiados no solo, alongando os adutores da perna estendida. Tronco o mais ereto possível, até o joelho atingir um ângulo de 90 graus, sem ultrapassar a linha da ponta dos pés. A volta para a posição inicial deverá ser realizada sem a extensão completa do joelho. Realizar os movimentos alternando as pernas.

Respiração: o movimento deverá ser realizado numa expiração forçada e contínua, solicitando os músculos do *core*.

Principais erros: desviar o joelho flexionado, abduzindo-o; tirar os calcanhares do chão; realizar mais flexão de tronco ou de quadril que de joelho; avançar o joelho, ultrapassando a linha da ponta dos pés; desviar o tronco; flexionar a perna que deveria estar estendida; realizar o movimento em apneia.

Vista anterior

Vista lateral

3.3.1 Variações

Realizar o movimento com os olhos fechados, sobre plataforma instável. Flexionar ombros à frente, segurando ou não algum acessório.

3.4 Afundo em linha

Posição inicial: em pé, com os pés alinhados em afastamento anteroposterior, apoiados completamente no solo.

Execução: realizar o movimento de flexão de joelho e dorsoflexão do pé (apenas a ponta do pé no solo) da perna que se encontra atrás, chegando com o joelho o mais próximo possível do solo, enquanto a perna dianteira realiza movimento de flexão de joelho até 90 graus e de quadril, com o pé totalmente apoiado no solo. Deslocar o peso para a perna traseira, com o tronco ereto. Alinhar joelho, quadril, ombro e orelha.

Respiração: o movimento deverá ser realizado numa expiração forçada e contínua, solicitando os músculos do *core*.

Principais erros: desviar os joelhos, aduzindo-os ou abduzindo-os; desviar os pés para as laterais e tirar o calcanhar da perna dianteira do solo ou avançar o joelho; realizar flexão de tronco; desviar o tronco para as laterais; realizar o movimento em apneia.

Vista anterior

Vista lateral

3.4.1 Variações

Realizar o movimento com os olhos fechados e com dedos cruzados atrás da cabeça, sobre plataforma instável, com flexão de ombros durante o movimento, segurando uma *medicine ball*.

Realizar rotação lateral de tronco durante o movimento.

4 Movimentos específicos do surf: nível iniciante

4.1 Sentar na bola

Posição inicial: sentado na bola, joelhos e quadris flexionados, pés apoiados no solo, separados na largura dos quadris, braços relaxados ao longo do corpo.

Execução:
- Deslocar ligeiramente os quadris para trás, solicitando os músculos do *core*, até que os pés percam o contato com o solo e os calcanhares toquem a bola.
- Equilibrar-se nessa posição durante o tempo de uma expiração contínua e prolongada, com os braços estendidos à frente.
- Ao inspirar novamente, retornar os pés ao solo, na posição inicial.

Vista anterior

 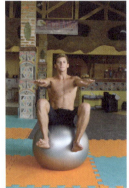

Vista lateral

4.1.1 Variação

Realizar o movimento com os braços afastados lateralmente e as mãos na linha dos ombros, e girar o pescoço, direcionando o olhar para as pontas dos dedos de ambos os lados durante a expiração.

4.2 Sentar no solo

Posição inicial: sentado, quadris e joelhos flexionados, pés apoiados no solo, separados na largura dos quadris, coluna ereta, cabeça em prolongamento da coluna.

Execução:
- Realizar uma grande inspiração ainda com os pés no solo.
- Com o *core* contraído, ao começar a expirar, deslocar suavemente o tronco para trás, mantendo a mesma postura alinhada, com cotovelos flexionados ao lado do tronco.
- O tempo do movimento isométrico é o mesmo tempo da expiração, ou seja, ao inspirar novamente, o corpo deve voltar à posição inicial.

Principais erros: realizar o movimento com flexão de tronco e em apneia.

Vista anterior

Vista lateral

4.2.1 Variações

Realizar o movimento com uma bola presa entre os joelhos.

Realizar o mesmo movimento com o ciclo entre os joelhos, que devem estar flexionados em ângulo de 90 graus.

Realizar o mesmo movimento com o ciclo entre os joelhos, que devem estar flexionados em ângulo de 90 graus.

Realizar rotação alternada de tronco, segurando uma bola à frente com as mãos.

4.3 Sentar e deitar

Posição inicial: ajoelhado, com as tíbias e os pés apoiados no solo, separados na largura dos quadris, joelhos flexionados, cotovelos flexionados a 90 graus e braços na lateral do tronco.

Execução:

• Num movimento só, apoiar as mãos no solo, separadas na largura dos ombros, cotovelos estendidos e pontas dos pés apoiadas, na largura dos quadris. Tronco e cabeça alinhados à coluna. Contrair o *core* e levar o tronco em posição de prancha ventral. Realizar uma expiração forte e rápida durante o movimento.

• Realizar o movimento excêntrico de uma flexão de braços fechada, bem lentamente, e expirar, contraindo o *core* durante o movimento.

• Hiperestender o tronco, contraindo os glúteos e a parte posterior da coxa. Buscar uma rotação externa de ombros e das palmas das mãos voltadas para cima, acima da linha medial.

4.3.1 Variação

Realizar o movimento segurando o *balance disc* com as duas mãos à frente do peito, na posição inicial. Em seguida, apoiar as mãos sobre o disco na posição de prancha ventral e realizar um movimento bem lento de flexão de braços fechados, até que o peito se apoie no disco. Por fim, estender o tronco, contraindo os músculos do *core*, principalmente os posteriores do tronco, com os braços estendidos ao longo do corpo e as palmas das mãos voltadas para cima.

4.4 Remar

Posição inicial: deitado em decúbito ventral, com os braços estendidos à frente, segurando a resistência elástica em ambas as mãos.

Execução:

- Realizar o movimento da remada completa alternadamente, de maneira a fazer a flexão de cotovelo e, em seguida, a extensão deste, levando a mão para cima e para a frente da cabeça.
- Realizar o mesmo movimento do outro lado, num ciclo.
- A expiração deverá acontecer em cada ciclo de remada e o *core* deve permanecer contraído durante todo o tempo.

4.4.1 Variações

Aceleração e desaceleração da remada.

REMADA (VISTA LATERAL)

Remada na água

Remada sobre a bola, com as pontas dos pés apoiadas no solo, afastadas na largura dos quadris.

4.5 Drop

Posição inicial: deitado em decúbito ventral, mãos apoiadas no solo, em posição de flexão fechada (ao lado do tronco, na direção da linha do mamilo).

Execução:
- Levar a planta de um dos pés na altura do joelho da perna oposta.
- Realizar um movimento de extensão de cotovelos, afastando todo o tronco do solo, mantendo os pés na mesma posição.
- Manter as mãos apoiadas no solo. Trazer à frente o pé que estava atrás, apoiando-o no solo na direção abaixo do umbigo. Manter-se agachado e com leve rotação de tronco, sempre olhando à frente.
- Estender o tronco e manter os joelhos em semiflexão, braços ligeiramente posicionados à frente.
- Os músculos do *core* devem manter-se contraídos e uma expiração forte deverá ser realizada em cada fase do movimento.

Goofy: pé esquerdo atrás (Vista lateral)

Drop back side (*goofy*)

4.5.1 Variação

Realizar o movimento usando o *balance disc* na posição inicial e na primeira fase do movimento, e, em seguida, usar o *balance disc* como apoio do pé da frente.

Regular: pé direito atrás (Vista anterior)

Regular: pé direito atrás (Vista lateral)

Drop front side (Goofy)

4.6 *Drop* na instabilidade

Posição inicial: posição de flexão de braços fechada, com apoio de mãos na lateral do tronco, na direção do peitoral, sobre plataforma instável. Pontas dos pés apoiadas no solo, na largura dos quadris, e *core* contraído.

Execução:

• Realizar o movimento de salto, trazendo ambos os pés paralelos para cima da plataforma, permanecendo na posição de agachamento, com os braços estendidos à frente.

• Realizar expiração forte, solicitando os músculos do *core* no momento da aterrissagem.

Vista anterior

Vista lateral

4.6.1 Variação

Realizar o movimento do *drop* sobre o *BOSU* na base, ou seja, com leve rotação de tronco e os braços suavemente estendidos à frente.

Drop REGULAR (VISTA ANTERIOR)

Drop goofy (VISTA ANTERIOR)

Drop regular (Vista lateral)

Drop goofy (Vista lateral)

Aplicação prática

5
Movimentos específicos do *surf*: nível intermediário

5.1 Mergulho no solo

Posição inicial: deitado em decúbito ventral, cotovelos flexionados junto do corpo, mãos (alinhadas ao peito) e pontas dos pés apoiadas no solo.

Execução:
- Realizar o movimento de extensão dos cotovelos na posição de prancha, com apoio das mãos.
- Levantar uma das pernas, alinhando-a ao tronco.
- Flexionar os cotovelos realizando um movimento de mergulho e mantendo a mesma perna suspensa; permanecer em três apoios.
- A inspiração deverá acontecer na posição inicial e a expiração deverá ser contínua e com pressão, até o final do movimento.

Vista anterior

Vista lateral

5.1.1 Variação

Usar base instável como apoio de mãos.

5.2 Joelhinho na bola

Posição inicial: em decúbito ventral, mãos apoiadas no solo, cotovelos estendidos e joelhos apoiados sobre bola.

Execução:

- Flexionar quadril e joelho de uma das pernas, trazendo-a em direção ao abdome.
- O exercício deverá ser realizado com alternância das pernas e os músculos do *core* deverão estar contraídos.
- A inspiração deverá acontecer na posição inicial e a expiração deverá ser contínua e com pressão, até o final do movimento.

Vista anterior

Vista lateral

5.2.1 Variação

Realizar o movimento com ausência da bola e um dos pés suspenso no *TRX*.

Vista anterior

Vista lateral

5.3 Tartaruga

Posição inicial: decúbito ventral, em posição de prancha, mãos e pontas dos pés apoiadas no solo, separadas na largura dos quadris; *core* contraído.

Execução:
- Realizar o movimento de rolamento para a lateral, flexionando um cotovelo e estendendo o outro, até que a volta toda se complete, retornando perfeitamente à posição inicial.
- A inspiração deverá acontecer na posição inicial e a expiração deverá ser contínua e com pressão até o final do movimento.

Vista anterior

Vista lateral

5.3.1 Variações

Realizar o exercício segurando um *balance disc* na altura do peito com ambas as mãos.

Realizar o mesmo movimento segurando uma miniprancha com ambas as mãos. Sair e retornar à posição inicial numa superfície instável (por exemplo: *balance disc* ou *BOSU*).

5.4 Cavada *front side* no solo

Posição inicial: em decúbito dorsal, joelhos flexionados a 90 graus, apenas calcanhares e mãos apoiados no solo; cabeça, tronco e joelhos alinhados.

Execução:
- Realizar o movimento de rotação do tronco, alinhando os braços perpendicularmente ao solo para um dos lados.
- Retornar à posição inicial e repetir o movimento para o outro lado.
- A inspiração deverá acontecer na posição inicial e a expiração, em cada movimento de rotação.
- Inspirar ao retornar à posição inicial.

5.4.1 Variação

O movimento pode ser realizado com apoio de pés ou de mãos sobre superfícies instáveis.

Rotação direita

Rotação esquerda

5.5 Cavada *back side* no solo

Posição inicial: prancha ventral; cotovelos, quadris e joelhos estendidos; mãos e pontas dos pés apoiadas no solo.

Execução:
- Realizar o movimento de rotação do tronco, alinhando os braços perpendicularmente ao solo para um dos lados.
- Retornar à posição inicial e repetir o movimento para o outro lado.
- A inspiração deverá acontecer na posição inicial e a expiração, em cada movimento de rotação.
- Inspirar novamente ao retornar à posição inicial.

5.5.1 Variação

O movimento pode ser realizado com apoio de pés ou de mãos sobre superfícies instáveis.

Rotação direita

Rotação esquerda

5.6 Cavada *front side* na prancha

Posição inicial: em pé, com as pernas afastadas um pouco mais que a largura dos quadris, tronco ereto, braços relaxados ao longo do corpo, sobre a prancha de instabilidade anteroposterior.

Execução:

• Realizar o movimento de agachamento até que uma das mãos toque o calcanhar do mesmo lado, enquanto o outro braço realiza extensão à frente.

• Estender os joelhos e os quadris e realizar giro de tronco para o mesmo lado da mão que tocou o calcanhar.

• Os músculos do *core* deverão ser solicitados na execução do movimento e uma inspiração deverá ser feita na posição inicial, e a expiração, ao longo do movimento.

VISTA ANTERIOR

Vista lateral

Aplicação prática

5.6.1 Variação

Apoiar um dos pés (preferencialmente o da frente) sobre um *balance disc* e segurar um peso na mão oposta.

Vista lateral

 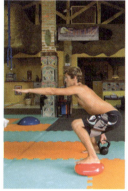 

5.7 Cavada *back side* suspensa

Posição inicial: em pé, com os pés paralelos, afastados na largura dos quadris, ombros ao lado do tronco, cotovelos flexionados, segurando as alças do *TRX* com ambas as mãos.

Execução:
- Soltar uma das mãos, afastar os braços e estendê-los.
- Alinhar os ombros, realizar a rotação máxima do tronco e, simultaneamente, um agachamento, mantendo apenas os calcanhares no solo.
- Ao retornar à posição inicial, realizar o mesmo movimento para o outro lado.
- Os músculos do *core* deverão ser solicitados na execução do movimento e uma inspiração deverá ser feita na posição inicial, e a expiração, ao longo do movimento.

Vista lateral

Aplicação prática

5.7.1 Variação

Realizar o movimento sobre a prancha de instabilidade anteroposterior.

Vista lateral

Aplicação prática

6
Movimentos específicos do surf: nível avançado

6.1 Rasgada *front side* no solo

Posição inicial: deitado em decúbito ventral, mãos apoiadas no solo, em posição de flexão de braço fechada.

Execução:
- Realizar o movimento do *drop*.
- Girar o corpo todo (180 graus) sobre o eixo da perna dianteira, que deverá permanecer flexionada num agachamento lateral, enquanto a outra perna permanece estendida, com braços e cabeça voltados em sua direção.
- Os músculos do *core* deverão permanecer contraídos e uma inspiração deverá ser realizada ainda na posição inicial.
- O movimento deverá acontecer de maneira rápida e a expiração, no tempo do movimento, com pressão.

VISTA LATERAL

6.1.1 Variação

Realizar o movimento com uma fita elástica presa ao tornozelo da perna traseira.

VISTA ANTERIOR

VISTA LATERAL

APLICAÇÃO PRÁTICA

6.2 Rasgada *front side* no *slide*

Posição inicial: em pé, com as pernas afastadas um pouco mais que a largura dos quadris, o pé de trás apoiado numa extremidade do *slide* e o outro fora dele, na parte central.

Execução:
- Realizar o movimento de giro de tronco (180 graus), arrastando o pé de trás para a frente (apoiado no *slide*), até a outra extremidade.
- Realizar um agachamento lateral sobre a perna apoiada fora do *slide* (pé da frente), com braços e cabeça voltados para a perna de trás (perna que executa o movimento).
- Os músculos do *core* deverão permanecer contraídos e uma inspiração deverá ser realizada ainda na posição inicial.
- O movimento deverá acontecer de maneira rápida e a expiração, no tempo do movimento, com pressão.

VISTA ANTERIOR

Vista lateral

6.3 Rasgada *front side* no *BOSU* com prancha

Posição inicial: em pé, com as pernas afastadas um pouco mais que a largura dos quadris, sobre a prancha, e esta sobre o *BOSU*.

Execução:
- Realizar o movimento de rotação de tronco (180 graus), no próprio eixo, levando a perna de trás para a frente.
- Flexionar a perna da frente em agachamento lateral e estender a perna de trás, com braços e cabeça voltados para ela.
- Os músculos do *core* deverão permanecer contraídos e uma inspiração deverá ser realizada ainda na posição inicial.
- O movimento deverá acontecer de maneira rápida e a expiração, no tempo do movimento, com pressão.

Rasgada *front side* (surfista regular)

Rasgada *front side* (surfista *goofy*)

6.4 Rasgada *back side* no *slide*

Posição inicial: em pé, de costas para o *slide*, pernas afastadas um pouco mais que a largura dos quadris, um dos pés apoiado numa extremidade do *slide* e o outro fora dele, na parte central.

Execução:

• Realizar o movimento de giro de tronco (180 graus) no eixo da perna que está à frente, arrastando o pé apoiado no *slide* para trás, até a outra extremidade, realizando um agachamento lateral sobre a perna apoiada fora do *slide*.

• Os músculos do *core* deverão permanecer contraídos e uma inspiração deverá ser realizada ainda na posição inicial.

• O movimento deverá acontecer de maneira rápida e a expiração, no tempo do movimento, com pressão.

RASGADA *BACK SIDE* (SURFISTA REGULAR)

APLICAÇÃO PRÁTICA (SURFISTA REGULAR)

6.5 Tubo na prancha com peso

Posição inicial: em pé, com as pernas afastadas na largura dos quadris, sobre a prancha de instabilidade anteroposterior, segurando um peso em uma das mãos.

Execução:
- Realizar o movimento de afundo com rotação do tronco (90 graus), levando a mão com o peso em direção ao solo, ao lado do joelho que está atrás, e a outra mão na direção oposta, afastando o braço do tronco.
- Voltar à posição inicial e realizar o movimento para o outro lado, segurando o peso com a outra mão.
- Os músculos do *core* deverão permanecer contraídos e uma inspiração deverá ser realizada ainda na posição inicial.
- O movimento deverá acontecer em velocidade moderada e a expiração, ao longo do movimento.

REGULAR (VISTA ANTERIOR)

Regular (vista lateral)

Goofy (vista lateral)

Goofy (vista posterior)

Aplicação prática (vista lateral)

6.5.1 Variação

Realizar o movimento no pró-equilíbrio sem peso, levando a mão de trás em direção ao solo.

Regular (vista anterior)

GOOFY (VISTA ANTERIOR)

APLICAÇÃO PRÁTICA

6.6 Aero sobre os blocos

Posição inicial: em pé, com o tronco ereto, joelhos semiflexionados, afastados um pouco mais que a largura dos quadris.

Execução:

- Saltar em sentido horário, girando o corpo todo (180 graus) em fase aérea (do solo para os blocos instáveis).
- Aterrissar na base contrária sobre os tijolos de instabilidade. Em seguida, posicionar-se ao lado dos blocos e saltar novamente, em sentido horário (do solo para os blocos instáveis).
- Os músculos do *core* deverão permanecer contraídos e uma inspiração deverá ser realizada ainda na posição inicial.
- O movimento deverá acontecer em velocidade rápida e a expiração, na aterrissagem, de maneira brusca e forte.

6.6.1 Variações

Realizar o movimento sobre o *jump* para o *BOSU* e do *BOSU* para o *jump*.

Realizar o movimento do *jump* para a prancha sobre *BOSU* e da prancha para o *jump*.

Regular (vista anterior)

Aplicação prática

Goofy (vista anterior)

Aplicação prática

7 Movimentos específicos do surf: long board

7.1 Hang five no bloco instável

Posição inicial: em pé, com o tronco girado 90 graus, o pé de trás sobre o solo e o pé da frente sobre bloco instável.

Execução:
- Realizar um passo, cruzando uma perna à frente.
- Realizar outro passo, cruzando a outra perna à frente, de maneira que os cinco dedos do pé fiquem para fora da superfície.
- O exercício deverá ser executado num movimento de ida e volta, lentamente.
- Uma inspiração deverá ser feita na posição inicial e a expiração deverá ser prolongada durante todo o movimento (de ida e volta).

Vista anterior

Vista lateral

Aplicação prática

7.1.1 Variação

Realizar o mesmo movimento sobre o pró-equilíbrio.

7.2 *Hang five* na prancha

Posição inicial: em pé sobre prancha de instabilidade, pés paralelos, tronco girado 90 graus à frente.

Execução:
- Realizar um pequeno passo, cruzando uma perna à frente.
- Realizar outro passo, cruzando a outra perna à frente, de maneira que um dos pés mantenha os cinco dedos para fora da superfície da prancha.

Vista anterior

Vista lateral

Aplicação prática

Fundamentos do surf: stand up paddle (SUP)

8.1 Remada em suspensão no solo

Posição inicial: em pé, com os pés paralelos, separados na largura dos quadris, a 45 graus em relação ao solo; joelhos e quadris semiflexionados; bastão suspenso nas alças do TRX; mãos em pegadas pronadas, segurando nas extremidades do bastão, numa distância um pouco maior que a largura dos ombros.

Execução:
• Realizar a puxada buscando manter o bastão perpendicular ao solo, alternadamente.
• Os músculos do *core* devem estar totalmente contraídos, os movimentos devem ser lentos, o tronco deve permanecer estável e os pés, totalmente apoiados no solo.
• Uma inspiração deve ser realizada na posição inicial e uma expiração lenta, a cada movimento de remada.

Vista anterior

Aplicação prática

8.1.1 Variação

Realizar o movimento sobre a prancha de instabilidade laterolateral.

8.2 Troca de base na escadinha

Posição inicial: em pé, com os pés paralelos, afastados um pouco menos que a largura dos quadris, com um bastão nas mãos.

Execução:
- Realizar um salto, posicionando um dos pés dois degraus à frente, e simular o movimento de uma remada com o bastão.
- Realizar outro salto à frente, voltando à posição inicial, e repetir o movimento para o outro lado.

Vista lateral

Aplicação prática

Vista anterior

Aplicação prática

Glossário

Back side: indica que o surfista está de costas para a onda.

Base goofy: uso do pé esquerdo na parte de trás da prancha.

Base regular: uso do pé direito na parte de trás da prancha.

Bico da prancha: frente da prancha (por exemplo: bico fino ou arredondado).

Cavada ou *botton turn:* curva realizada na base da onda, usada como preparo da manobra.

Drop: ato de "descer" a onda. Primeira manobra no *surf*; ato de ficar em pé na prancha (sair do plano horizontal para o plano vertical).

Front side: indica que o surfista está de frente para a onda.

Inside: local em que praticamente todas as ondas se quebram; geralmente na parte mais rasa, que também serve para pegar ondas.

Lip da onda: é a parte mais crítica da onda, ou seja, aquela que está prestes a cair e virar espuma.

Longarina da prancha: madeira fina que divide a prancha em duas partes iguais longitudinalmente, deixando-a resistente; serve como referência para o iniciante subir na prancha.

Outline da prancha: *design*, curvas, medidas da prancha.

Outside: local em que o surfista aguarda a série de ondas; geralmente depois da arrebentação.

Rabeta da prancha: parte de trás da prancha. Serve para definir ou variar o tipo de projeção que a prancha terá. Trabalha a saída de água que corre pelo *outline* da prancha. Por exemplo: rabeta, *squash, swallow, pin, round pin, square*, entre outras.

Rasgada: manobra ou curva realizada na crista da onda com mudança brusca de direção.

Tubo: manobra mais complexa do *surf*. É quando o surfista passa pela onda, por dentro de uma grande concavidade que se forma nela e comprime o ar de seu interior.

Referências

AKUTHOTA, V.; NADLER, S. F. Core strengthening. *Arch. Phys. Med. Rehabil.*, v. 85, n. 3, Suppl. 1, p. S86-92, 2004.

ACSM – AMERICAN COLLEGE OF SPORTS MEDICINE. Position stand: quantity and quality of exercise for developing and maintaining cardiorespiratory, musculoskeletal and neuromotor fitness in apparently healthy adults: guidance for prescribing exercise. *Med. Sci. Sports Med.*, Special Communications, p. 1334-59, 2011.

ANDERSON, K.; BEHM, D. G. The impact of instability resistance training on balance and stability. *Sports Med.*, v. 35, n. 1, p. 43-53, 2005.

BARELA, J. A. Estratégias de controle em movimentos complexos: ciclo percepção--ação no controle postural. *Rev. Paul. Ed. Fís.*, Supl. 3, p. 79-88, 2000.

BEHM, D. G.; COLADO, J. C. The effectiveness of resistance training using unstable surfaces and devices for rehabilitation: clinical commentary. *Int. J. Sports Phys. Ther.*, v. 7, n. 2, p. 226-41, 2012.

BEHM, D. G.; ANDERSON, K. G. The role of instability with resistance training. *J. Strength Condit. Res.*, v. 20, n. 3, p. 716-22, 2006.

BEHM, D. G.; ANDERSON, K.; CURNEW, R. S. Muscle force and activation under stable and unstable conditions. *J. Strength Condiot. Res.*, v. 16, n. 3, p. 416-22, 2002.

Behm, D. G. et al. Canadian society for exercise physiology position stand: the use of instability to train the core in athletic and nonathletic conditioning. *Appl. Physiol. Nutr. Metab.*, v. 35, n. 1, p. 109-12, 2010.

Bossi, L. C. *Treinamento funcional na musculação.* São Paulo: Phorte, 2011.

Brown, T. Getting to the core of the matter. *Strength Condit. J.*, v. 28, n. 2, p. 552-61, 2006.

Campos, M. A.; Coraucci Neto, B. *Treinamento funcional resistido*: para melhoria da capacidade funcional e reabilitação de lesões musculoesqueléticas. Rio de Janeiro: Revinter, 2004.

Clark, M. A. *Integrated core stabilization training.* Thousand Oaks: National Academy of Sports Medicine, 2001.

Coutinho, M. *De volta ao básico*: powerlifting – treinamento funcional, esporte de alto rendimento e prática corporal para todos. São Paulo: Phorte, 2011.

Evangelista, A. L.; Macedo, J. *Treinamento funcional e core training*: exercícios práticos aplicados. São Paulo: Phorte, 2011.

Gomes, M. V. S. S. *Exercícios funcionais*: do ideal ao real. Rio de Janeiro: Livre Expressão, 2010.

Goulart, F. et al. O movimento de passar de sentado para de pé em idosos: implicações para o treinamento funcional. *Acta Fisiátrica*, v. 10, n. 3, p. 138-43, 2003.

Gutemberg, A. *A história do surf no Brasil.* São Paulo: Azul, 1989.

Hall, S. *Biomecância básica.* 5. ed. São Paulo: Manole, 2009.

Herdy, A. H.; El Messane, T. S. *Características fisiológicas e cardiovasculares de surfistas*: tratado de cardiologia do exercício e do esporte. São Paulo: Atheneu, 2007. p. 515-8.

Hodges, P. W.; Richardson, C. A. Inefficient muscular stabilization of the lumbar spine associated with low back pain. A motor control evaluation of transversus abdominis. *Spine*, v. 21, n. 22, p. 2640-50, 1996.

Hrysomallis, C. Relationship between balance ability, training and sports injury risk. *Sports Med.*, v. 37, n. 6, p. 547-56, 2007.

Ives, J. C.; Shelley, G. A. Psychophysics in functional strength and power training: review and implementation framework. *J. Strength Condit. Res.*, v. 17, n. 1, p. 177-86, 2003.

Kampion, D.; Brown, B. *Stoked*: uma história da cultura do surf. Los Angeles: Evergreen, 1998.

Kiefer, A.; Shirazi-Adl, A.; Parnianpour, M. Stability of the human. Favorable neuromuscular and cardio-spine in neutral postures. *Eur. Spine J.*, v. 6, n. 1, p. 45-5, 1997.

Leal, S. M. O. et al. Efeitos do treinamento funcional na autonomia funcional, equilíbrio e qualidade de vida de idosas. *Rev. Bras. Ciência Mov.*, v. 17, n. 3, p. 61-9, 2009.

Lorch, C. K. *Deslizando sobre as ondas*. Rio de Janeiro: Guanabara Dois, 1980.

McGill, S. M. et al. Exercises for the torso performed in a standing posture: spine and hip motion and motor patterns and spine load. *J. Strength Cond. Res.*, v. 23, n. 2, p. 455-64, 2009.

Mendez-Villanueva, A. D. B. Physiological aspects of surfboard riding performance. *Sports Med.*, v. 35, n. 1, p. 55-70, 2005.

Meier, R. A.; Lowdon, B. I; Davie, A. I. Heart rates and estimated energy during recreational surfing. *Aust. J. Sci. Med. Sport*, v. 23, p. 70-4, 1991.

Mendes, L. *Os caminhos do surf no Brasil*. 2005. Disponível em: <http://waves.terra.com.br/mobile/surf/noticia//os-caminhos-do-surf-no-brasil/16061>. Acesso em: 12 ago. 2013.

Michaelis: dicionário de língua portuguesa. Disponível em: <http://www.michaelis.uol.com.br>. Acesso em: 01 set. 2012.

Monteiro, A. G.; Evangelista, A. L. *Treinamento funcional*: uma abordagem prática. São Paulo: Phorte, 2010.

Morre Thomas Rittscher, o primeiro surfista do Brasil. Disponível em: <http://esporte.ig.com.br/maisesportes/surfe/morre-thomas-rittscher-o-primeiro-surfista-do-brasil/n1597382505205.html>. Acesso em: 12 ago. 2013.

Okumura, M. K.; Silva, M. C. Ballness: uma nova tendência de pratica corporal alternativa. In: Encontro de produção científica e tecnológica, 6., 2009, Paraná. *Anais eletrônicos...* Paraná: FECILCAM-PR, 2009.

Sarli, C. Thomas, 84, o primeiro surfista do Brasil. São Paulo, *Folha de S. Paulo*, 07 out. 2001.

Sarli, C. *Thomas, 84, o primeiro surfista do Brasil.* 2001. Disponível em: <http://www1.folha.uol.com.br/fsp/esporte/fk0710200117.htm>. Acesso em: 12 ago. 2013.

Sekendiz, B.; Cug, M.; Korkusuz, F. Effects of swiss ball core strength training on strength, endurance, flexibility, and balance in sedentary women. *J. Strength Cond. Res.*, v. 24, n. 11, p. 3032-40, 2010.

Stanton, R.; Reaburn, P. R.; Humphries, B. The effect of shortterm Swiss ball training on core stability and running economy. *J. Strength Condit. Res.*, v. 18, n. 3, p. 522-8, 2004.

Stephenson, J. Core training: designing a program for anyone. *Strength Condit. J.*, v. 26, n. 6, p. 34-37, 2004.

Teixeira, C. V. L. S.; Guedes Jr., D. P. *Musculação perguntas e respostas:* as 50 dúvidas mais frequentes nas academias. São Paulo: Phorte, 2010.

Thompson, C. J.; Cobb, K. M.; Blackwell, J. Functional training improves club head speed and functional fitness in older golfers. *J. Strength Condit. Res.*, v. 21, n. 1, p. 131-7, 2007.

Thompson, W. R. Worldwide survey of fitness trends for 2012. *ACSM's Health Fitness J.*, v. 15, n. 6, p. 9-18, 2011.

Weineck, J. *Treinamento ideal.* 9. ed. Barueri: Manole, 2003.

Weiss, T. et al. Effect of functional resistance training on muscular fitness outcomes in young adults. *J. Exerc. Sci. Fit.*, v. 8, n. 2, p. 113-122, 2010.

Sobre o Livro
Formato: 17 x 24 cm
Mancha: 11,7 x 20 cm
Papel: Offset 90 g
nº páginas: 136
Tiragem: 2.000 exemplares
1ª edição: 2013

Equipe de Realização
Assistência editorial
Liris Tribuzzi

Assessoria editorial
Maria Apparecida F. M. Bussolotti

Edição de texto
Gerson Silva (Supervisor de revisão)
Jaqueline Carou (Preparação do original e copidesque)
Roberta Heringer de Souza Villar e Gerson Silva (Revisão)

Editoração eletrônica
Évelin Kovaliauskas Custódia (Capa, projeto gráfico e diagramação)

Fotografia
Aline Alegro, Anna Christina Kagueyama, Danilo Ribeiro Nakagawa,
Deivid Silva, Eduardo Motta, Gabriel Alves, Glauco Valentin, Jackson Santos,
Maucos Vinicios da Silva e Ricardo Castellari (Modelos)
Valclei Lemos e Dri Pimentel (Fotógrafos)

Impressão
Edelbra Gráfica